DE LA

POLICE MODERNE.

Par M.ᴵ **FAVRE DE CONSTANCE,**
De l'Académie des Bêtes.

Multa renascentur quæ jam occidere, cadentque
Quæ nunc sunt in honore, etc., etc., etc.

Hoʀ. *art. poet.*

A PARIS,

AUX ARCHIVES DE L'ACADÉMIE DES BÊTES,

Chez **CORRÉARD**, Libraire, Palais Royal,
Et chez les Marchands de Bêtises.

24 ᴍᴀɪ 1820.

POLICE MODERNE.

DEUX petits mots grecs, πολις et τασσω, nous ont donné en français le grand mot *Politique*.

Le mot *Police* est un démembrement de cette grande puissance; mais si nous comparons la police moderne à l'idée que présente sa racine, nous serons obligés de convenir qu'il en est du mot *Police*, comme du mot *Equus*, qui vient, dit-on, d'αλφανα, et que

> En venant de là, jusqu'ici,
> Il a bien changé sur sa route.

Nous ne remonterons pas, comme l'avocat l'Intimé au traité d'Aristote, πέρι πολιτικον, pour savoir ce que c'est qu'un chapon, un chien, et qui pis est, la police moderne; nous sommes, sur ce point, de l'avis de George-Dandin, et disons après lui:

> Je prétends
> Qu'Aristote n'a pas d'autorité céans.

Nous dirons seulement, sans remonter plus haut, que l'on n'entendait pas autre chose, il y a quarante ans, par le mot *Police*, que cette surveillance nécessaire, exercée par des magistrats d'un ordre inférieur, sur les voleurs et les filoux. On y a ajouté, dans les derniers temps du règne de Louis XV, les boues et les lanternes. M. de

Meaupou fit réunir à cette administration l'inspection des réverbères, des filles de joie et des fiacres ; mais malgré l'importance que cet accroissement de juridiction prêtait aux gens préposés à son exercice, un homme honnête et jouissant d'un état tant soit peu considéré, n'était jamais mandé à la police. Il suffisait, pour être à l'abri de son domaine, de n'être ni voleur, ni fiacre, ni boue, ni lanterne. Cependant le magistrat qui gouvernait ce petit empire, était décoré du titre de lieutenant-général de police. Il avait, à ce titre, de grands émolumens et un hôtel à Paris ; les filles de joie et les cochers l'appelaient *monseigneur*, comme un évêque. (*a*)

Les liaisons du lieutenant-général de police avec les maisons de plaisir, fournirent à ce magistrat un magasin d'anecdotes scandaleuses ou plaisantes, dont le ministre se servit sans scrupule, pour s'attacher la confiance et entrer dans la plus intime familiarité d'un monarque libertin

---

(*a*) Bien des gens ont peine à comprendre comment un prêtre, humble et modeste, est parvenu à se faire appeler *monseigneur* ; ceci s'explique par l'insignifiance de presque tous les titres appelés honorifiques, par antiphrase. Dalembert s'étonnait qu'un philosophe, comme Voltaire, pût lui reprocher d'avoir appelé *monseigneur*, l'évêque Lefranc-de-Pompignan. « Pourquoi, disait le géomètre au patriarche de Ferney, pourquoi attachez-vous à ce mot, plus d'importance qu'il n'en mérite ? Un évêque s'appelle *monseigneur*, comme un chien s'appelle *patau*. » Voyez *Correspondance de Voltaire avec Dalembert*.

et avide de distractions. Bientôt on songea au parti que l'on pouvait tirer des prêtresses de Vénus, pour la connaissance des divers secrets que pouvait exploiter une politique crapuleuse ; on se souvint que , sous la régence , une *catin* avait fait découvrir la conspiration de la duchesse du Maine avec l'Espagne ; et comme l'abbé qui trahit et livra toute l'affaire de Célamare , n'était pas lé seul abbé intrigant qui fréquentât les maisons de débauches (*a*) , on conçut que le vice pouvait devenir un moyen de gouvernement.

L'importance de la magistrature de police s'accrut alors des moyens qu'elle tirait de ses rapports avec les filles de joie ; et les filles de joie , de leur côté , enrichirent leur classe de la considération que leur communiquait la police. Des agens de police et des courtiers de plaisir , connus sous le nom de maîtres *Bonneau*, se montrèrent alors décorés de la croix de Saint-Louis (*b*) ; de façon qu'en voyant passer un chevalier de cet ordre, on pouvait douter s'il fallait saluer un brave officier, ou éviter un mo...... ou un ma........

La révolution qui a détruit tant de bonnes

(*a*) Le bureau où ces demoiselles déposent aujourd'hui tous les renseignemens que la police exige d'elles , s'appelle *Bureau des mœurs*.

(*b*) Un de nos douze censeurs vient de recevoir la croix de la légion d'honneur ; mais il n'est pas dit, que ce soit pour ses travaux à la commission de censure ; ainsi la légion a encore la ressource du doute.

choses, avait aussi considérablement changé le système adopté pour la police. Elle était devenue municipale, ne s'exerçait plus que contre les fripons, et les citoyens jouissaient de ses bienfaits comme de ceux de la Providence, sans voir la main qui les répandait. Cet état de choses plaisait assez aux hommes paisibles; mais tout le génie qui avait présidé à la première organisation, était perdu.

Heureusement le comité de sûreté générale, chargé de la police de la république, réunit en un même faisceau tous les moyens de l'ancienne administration. L'espionnage domestique fut honoré, la délation encouragée; et, à l'aide des connaissances que l'on acquit sur l'intérieur des maisons, les liaisons des particuliers, les affaires dont ils s'occupaient et les opinions qu'ils avaient adoptées, les gens habiles qui se trouvaient dans ce comité, forgèrent ces complots sans nombre qui occupèrent si souvent les loisirs de l'assemblée et nous valurent des lois admirables.

La première opération du Directoire fut la création d'un Ministère de *police générale*, lequel hérita de tous les instrumens qui avaient servi au comité conventionnel. Des hommes savans élevèrent le talent de la police à un degré inconnu jusqu'alors. Elle devint une véritable *science*; et des magistrats impayables jetèrent, sur cette administration, un lustre qui la recommandera

long-temps à l'admiration des nations étran-
gères.

Sous le ministère d'un seul homme, on compta
plus de vingt conspirations découvertes : celle
des *œufs rouges* seule effaça tout ce qu'avait
imaginé le comité de sûreté générale. On dut au
grand C..... ou à C..... le grand, si on l'aime
mieux, la connaissance de ce que peuvent pro-
duire, étant adroitement combinés, l'art de faire
faire et l'art de découvrir. Bien des gens croient
savoir que ce grand homme, après avoir fait
lui seul et découvert *lui seul* la conspiration
dite de Grenelle, a fait encore *lui seul* le rap-
port au Directoire, le message du Directoire au
Corps législatif, et plus de vingt des discours qui
furent improvisés à cette occasion. *Lui seul*
nomma ensuite une commission militaire, devant
laquelle on traduisit les accusés qu'il jugea *lui
seul*.

Une remarque qu'il faut faire, si on ne l'a pas
déjà faite, c'est que les conspirations *dites* de
police, ne naissent que sous les gouvernemens
faibles, et signalent une autorité douteuse ou
contestée.

Le comité de sûreté générale ne découvrit
tant de conspirations, que parce qu'il lui en fallait pour atteindre ses nombreux ennemis du de-
dans et du dehors : parce qu'il avait à faire taire,
outre les royalistes, les républicains à qui on avait

promis une constitution que l'on tenait *sous le boisseau*, au lieu de la mettre en activité.

Sous le Directoire, on avait encore une constitution à faire marcher. Les Directeurs ne s'en souciaient pas, parce que cette charte consacrait les principes qui garantissent la société des abus qui la détruisent. Les gouvernans avaient d'abord à faire taire les hommes qui voyaient, sous leurs yeux, vendre les emplois publics, les grâces, les radiations des émigrés, les places de judicature, tout ce dont l'autorité disposait. Il fallait faire taire ceux qui, après avoir obtenu que la nation française renonçât à attaquer aucun de ses voisins, voyaient faire la guerre à la Suisse, à la Hollande, et par ce moyen devenir impossible une pacification qui eût privé les Directeurs des trésors qu'eux et leurs agens tiraient des contributions extérieures, et des riches pots-de-vin des fournisseurs des armées.

Pour faire taire tout ce monde, il fallait rétablir les lettres de cachet, et créer de nouvelles bastilles que l'on peupla de nouveaux prisonniers d'état; et pour trouver des prisonniers d'état, il fallait bien faire des conspirations.

Si, par ces moyens, les Directeurs eussent pu obtenir un despotisme constitué, un *arbitraire* légal, ou *des lois de confiance* (comme ils y seraient parvenus, si leurs vœux eussent été exaucés), les découvertes de conspiration seraient devenus plus rares, à mesure que leur autorité fût devenue moins précaire ; mais le despotisme de cinq particuliers obscurs n'est pas facile à consolider. Le peu de considération dont ils jouissaient, ne put suffire à leurs projets ; et leur chute nous livra à un despote guerrier.

De grands succès militaires assurant à Bonaparte l'appui d'une armée à laquelle la nation devait tant, et l'espoir de voir respecter la nouvelle constitution qu'on nous offrait, étant venu augmenter le nombre de ses partisans, l'usurpateur de l'autorité nationale n'eut à faire taire qu'un certain nombre d'hommes clairvoyans : et ce fut l'affaire d'une seule conspiration qui termina tout, quoique fort mal arrangée et encore plus mal découverte. Au reste, on ne pouvait plus trop user alors de cette grande ressource, car il n'y a pas aujourd'hui une marchande de légumes qui ne rie au nez de ceux qui parlent d'une conspiration découverte.

Sous un gouvernement despotique, on sut se passer des ressources du génie de la police, qui n'eut plus à s'occuper que de faire rejoindre les conscrits, de répandre les éloges donnés à son maître, et afficher les bulletins des armées.

Elle perdit si bien l'usage des découvertes, que lorsque Mallet conspira tout de bon, il arriva, sans être reconnu, jusque dans la chambre à coucher du préfet de police, aujourd'hui l'un de nos plus dignes ministres, mais ce jour là le plus surpris et le plus épouvanté des préfets.

Si le ministère actuel était moins respecté, si son amour ardent pour la liberté publique et le maintien de la charte était moins généralement connu, si les bénédictions que lui a méritées son dévouement aux bonnes doctrines étaient moins universelles, si son existence était moins consolidée, en un mot, s'il avait encore besoin des ressources de la police moderne et de découvrir des conspirations, nous regretterions, il faut l'avouer avec franchise, nous regretterions que M. de C.... ait été *arraché* à des fonctions qu'il eût si bien remplies, par le goût qui lui est si subitement survenu pour la diplomatie. Lui seul (puisque M. C..... est entièrement perdu pour les fonctions publiques), lui seul avait conservé les bonnes traditions; lui seul, *peut-être*, était en état de manier et de faire jouer convenablement tous les ressorts de cette belle machine. S'il eût dirigé la police, on saurait aujourd'hui ce que c'est que ce pétard qui a éveillé une sentinelle sous un des guichets des Tuileries. Un pétard de deux livres de poudre, destiné à crever en plein air, ne peut guère être bon qu'à faire bavarder quelques journalistes. Sous l'administration de M. C..... ou de M. de C...., le pétard eût été infiniment plus gros; il eût, moyennant quelques dispositions préliminaires, occasionné un petit dégât et altéré quelques corniches ; enfin, il eût crevé le jour même où l'on aurait mis aux voix le projet sur les élections, et aurait au moins paru jeter de la poudre aux yeux à quelques personnes qui ne demandaient peut-être pas mieux que de les fermer.

Au reste, puisque sous un ministère comme le nôtre, les moyens de police dont nous venons de parler, ne sont plus, ni utiles, ni nécessaires, l'examen auquel nous nous livrons n'est plus et ne peut plus être qu'une affaire de pure curiosité. Cependant, nous avons entendu quelques personnes rattacher à la question de la moralité d'une police trop active, une autre question qui nous a paru piquante ; nous pouvons nous en occuper ici sans inconvéniens, puisque nous avons le bonheur de vivre dans des circonstances où l'on ne pourra faire à personne aucune application fâcheuse de ce que nous allons dire.

Il s'agit de déterminer à quoi on pourrait reconnaître si les rumeurs, les mécontentemens et les plaintes des peuples sont causes ou effets des procédés de la police moderne et des gouvernemens qui les autorisent ?

Un théologien très-instruit dans sa partie, a présenté l'occasion de traiter cette question, que nous recommandons à ceux de nos confrères plus en état que nous de l'examiner sous toutes ses faces.

Ce théologien parlait du martyre de St.-Laurent, et s'indignait de ce qu'après être resté quelque temps patiemment sur le gril où des barbares le brûlaient à petit feu, le saint avait pris le parti de se retourner. Notre prêtre condamnait sans pitié ce mouvement qu'il disait provenir d'une impatience ou d'un orgueil punissable. Quelle que fût la confiance des auditeurs dans l'infaillibilité de l'ecclésiastique , il resta tout seul de son avis. Personne ne voulut reconnaître ni orgueil, ni impatience dans le mouvement de conversion que le saint s'était permis de faire ; on s'étonna davantage de ce qu'il avait attendu, pour se retourner, le moment où apparemment il s'était jugé assez cuit d'un côté ; et chacun convint qu'en pareille circonstance , l'homme le moins remuant sauterait comme une carpe, sans mériter le moindre blâme.

Comme il ne s'agit ici que d'un individu , on ne voit pas d'abord quelle lumière son exemple peut jeter sur la question que nous venons de poser plus haut ; nous répondrons à cette observation, que ce qui est vrai de l'individu est vrai de toute l'espèce, et qu'en généralisant la proposition , nous pourrons parvenir au résultat désiré.

Nous supposerons donc qu'au lieu de St.-Laurent, il s'agit d'un peuple entier ; et comme il est impossible de mettre un peuple sur le gril , nous le considérerons comme placé dans une position et exposé à un tourment également insupportables.

S'il arrivait, par exemple, qu'une nation long-temps opprimée se fût éclairée sur ses droits, sur sa force et sur ses moyens ; qu'indignée d'avoir été si long-temps dupe d'une poignée de fourbes et de tyrans, elle les eût vomis de son sein; si cette nation avait sacrifié le plus pur de son sang, pour conserver sa liberté ; si, après des travaux immenses et des combats inouis , il ne lui restait plus, de toutes ses conquêtes , qu'un peu de gloire et quelques lois' payées de tant de sacrifices ; si elle tenait à ses lois, en proportion de ce qu'elles lui coûtent, et qu'après les lui avoir données , on se fût amusé à les lui retirer , puis à les lui remontrer, puis à les lui rendre , puis à les lui reprendre encore : une nation ainsi jouée, une nation livrée à tant de caprices , de fluctuation, de mobilité, ne sachant ni ce qu'elle doit craindre, espérer ou faire, et souffrant toutes les angoisses d'une douloureuse incertitude, ne se trouverait-elle pas, sous certains rapports, dans la position de l'individu dont nous avons parlé, et à qui des bourreaux qui l'avaient placé sur un gril, reprochaient son peu de patience et de docilité ?

Et si la comparaison est juste, ne sont-ce pas ceux qui ont mis St.-Laurent sur le gril, qui ont forcé le mouvement qu'on lui reproche ?....... Hé donc !

Il ne nous serait pas plus difficile de démontrer qu'il est dans la nature de certains offices d'amener le mal dont il devaient être le remède , et que les directeurs d'une police politique, comme les polices modernes, sont tenus de faire naître des troubles, quand il n'en existe pas, sous peine d'encourir le reproche de médiocrité ou d'insignifiance. C'est ainsi que les malheureux qui se chargent de l'espionnage, sont connus pour remplir leurs rapports de choses fausses, plutôt que de s'exposer à être renvoyés comme inutiles.

Si nous avions à prouver que l'observation que nous faisons ici, est un fait qui tient à la nature de l'homme, nous n'aurions qu'à citer une anecdote dont nous avons été témoins.

Il y a, comme on sait, à Charenton, un lieu où on s'occupe de traiter, et où l'on guérit quelquefois, des personnes aliénées. A une époque qu'il est inutile d'indiquer, puisqu'elle ne fait rien à notre affaire, les administrateurs de l'hospice des fous avaient imaginé d'essayer les convalescens, c'est-à-dire ceux que l'on croyait rendus à l'usage de toutes leurs facultés, en leur faisant jouer la comédie. Ces intéressantes épreuves attiraient un grand concours de curieux; et un dimanche entre autres, nous trouvâmes, en nous y rendant, une quantité prodigieuse de voitures.

Un ci-devant fou (on le nommait Pasquin, à cause de son caractère mordant et malin) n'ayant pas de dispositions pour la comédie, avait été soumis à un autre genre d'épreuve plus de son goût. On l'avait chargé de veiller à ce qu'il y eût de l'ordre et de la tranquillité, dans la cour où restaient les cochers, les chevaux et les laquais de service.

Tout le temps de la représentation théâtrale s'était écoulé, à la grande satisfaction du surveillant; les cochers et les laquais, voyant leurs chevaux posés et tranquilles, s'étaient rendus au cabaret voisin et se divertissaient de leur côté; tout se serait vraisemblablement passé à la satisfaction générale, lorsque M. Pasquin fit une réflexion qui changea sur-le-champ la face des choses. On m'a placé ici, se dit-il, pour essayer mon intelligence et ma capacité : quelle preuve en aura-t-on? La paix qui règne ici n'atteste que l'humeur paisible des animaux qui m'entourent; ah ! si tout cela était en rumeur, si tout était bouleversé, et que par mon adresse je parvinsse, coûte qui coûte, à faire tout rentrer dans l'ordre; on connaîtrait alors, non-seulement que je ne suis pas de ces fous que l'on met à Charenton, mais que l'on peut encore me confier des choses plus importantes.

A peine eut-il fini son raisonnement, que saisissant un fouet laissé sur le siége d'une voiture, il se mit à sangler les chevaux l'un après l'autre, et les pousser dans tous les sens. Au bruit de ce tintamare épouvantable, on quitta tout-à-coup le spectacle pour voir d'où tout cela venait ; les cochers et les laquais, d'une autre part, quittent le cabaret et courent chacun à leurs chevaux et à leurs voitures. Pasquin leur administre, en passant, des coups de fouet auxquels les maîtres applaudissent, croyant que tout le mal venait du peu de soin de ces ivrognes ; enfin, après qu'il eut juré, tappé, fouetté, et qu'il se fut beaucoup trémoussé aux yeux de tous, l'ordre se rétablit, par la raison que tout finit dans le monde ; mais Pasquin en eut tout l'honneur ; et quelques personnes plus clairvoyantes que les autres, dirent en parlant de lui : *ce sera un jour un fier administrateur !*

Le grand Pasquin n'a pas trompé ces espérances flatteuses. Placé pendant quelque temps à la tête d'une magistrature où il déploya une grande rigidité de caractère et de principes, il passa successivement dans la plupart des ministères. Partout il se conduisit, comme il avait jadis fait à Charenton ; parmi ceux qui le voient se trémousser tous les jours et sans relâche, on en trouve encore qui disent bien sérieusement et de bien bonne foi : *c'est un fier administrateur !*

De l'Imprimerie d'Abel LANOE, rue de la Harpe, n.° 78.

www.ingramcontent.com/pod-product-compliance
Lightning Source LLC
Chambersburg PA
CBHW061215050726
47594CB00008B/3663